LA PIRÁMIDE DE MASLOW

Conozca las necesidades humanas para triunfar

Por Pierre Pichère
En colaboración con Anne-Christine Cadiat
Traducido por Marina Martín Serra

Economía y empresa   en50MINUTOS.es

LAS CLAVES PARA EL ÉXITO

- Adam Smith
- El principio de Pareto
- El estrés laboral
- La pirámide de Maslow

www.en50minutos.es

LA PIRÁMIDE DE MASLOW

DATOS CLAVE

- **¿Denominaciones?** Pirámide de Maslow, jerarquía de las necesidades humanas, pirámide de las necesidades
- **¿Utilidades?** En psicología y en ciencias sociales, para categorizar y jerarquizar las necesidades del individuo; en marketing y también en gestión
- **¿Por qué es eficaz?** Visión dinámica de las necesidades, que abarca el ámbito fisiológico y el espiritual
- **¿Palabras clave?** Psicología, necesidad, Maslow, pirámide

INTRODUCCIÓN

La razón de ser de la ciencia económica es la asignación de recursos limitados en función de las necesidades ilimitadas de los individuos, de sus intereses y expectativas. Pero, ¿cómo se pueden definir las necesidades? El psicólogo estadounidense Abraham Harold Maslow (1908-1970) diseñó una pirámide que se encarga de hacerlo.

Historia

A partir de los años cuarenta Maslow inicia, junto con el psicopedagogo Carl Rogers (1902-1987), un nuevo planteamiento de la psicología llamada humanista. A lo largo de todos sus trabajos, Maslow estudia la estructura de las necesidades humanas. Sus lectores y discípulos formalizaron después sus tesis bajo la forma de una pirámide.

Así, se pueden distinguir cinco niveles de necesidades:

- las necesidades fisiológicas;
- las necesidades de seguridad;
- las necesidades de reconocimiento o estima;
- las necesidades de afiliación;
- las necesidades de autorrealización.

Cada una de estas categorías se corresponde con actividades humanas. El modelo se ha utilizado mucho en la ciencia económica, pero también en el universo de la empresa, en particular en el marketing y la gestión. Al final de este estudio, veremos cómo todo el modelo se aplica a un sector económico a través del ejemplo de la industria agroalimentaria.

Definición del modelo

La pirámide de las necesidades, llamada también la pirámide de Maslow, presenta un modelo de definición de las necesidades del ser humano, desde las funciones más elementales (comer, dormir, etc.) hasta las más complejas (culturizarse, practicar un deporte o un arte, etc.). Aunque Maslow era psicólogo, su modelo, resumido en una pirámide, se ha utilizado en economía y en el mundo de la empresa. Propone un medio simple y eficaz para distinguir las diferentes necesidades bajo la condición de considerar un movimiento global y no niveles sucesivos.

TEORÍA Y PRESENTACIÓN DEL CONCEPTO

La microeconomía se interesa de forma natural por las condiciones que conducen al intercambio mercantil. La pirámide de Maslow se sitúa por delante de este razonamiento, en el origen de la demanda: las necesidades.

LOS CINCO GRADOS DE NECESIDADES

Nivel a nivel, Maslow recoge las diferentes necesidades humanas. No evoca directamente una forma piramidal, sino una jerarquía de preponderancia: en el momento en el que una familia está satisfecha, inmediatamente aparecen otras necesidades. Puesto que la pirámide de Maslow ha dejado huella en muchos ámbitos, en especial en el del desarrollo personal, hay que fijarse en los términos utilizados por el propio autor, para entender bien la esencia del concepto.

La pirámide de las necesidades de Maslow

- Las **necesidades fisiológicas** forman el primer nivel. Comer, beber, dormir, respirar, etc., son funciones que están vinculadas a la supervivencia individual. Ya que se trata de necesidades primarias vitales, son evidentemente las más importantes: así, superan a las necesidades de seguridad, de reconocimiento, etc.

- En segundo lugar están las **necesidades de seguridad**. Aunque la integridad física es lo primero que nos viene a la mente, esta categoría no solamente se resume a este aspecto —la protección contra el robo y el deterioro también se encuentran en esta familia de necesidades. Maslow destaca que las necesidades de seguridad conducen a los individuos a preferir lo que les es familiar antes que lo desconocido.

- Cuando estos dos tipos de necesidades están satisfechos, las que están vinculadas con el amor, el afecto o las relaciones sociales, es decir, las **necesidades de afiliación**, empiezan a hacerse notar. Esta tercera familia de necesidades tiene en cuenta la naturaleza social del ser humano.

- Conduce al cuarto nivel de la pirámide, ocupado por las **necesidades de reconocimiento o de estima.** Este conjunto retoma las necesidades relacionadas con el estatus, el empleo, el poder y el dinero que nos definen dentro de la sociedad.

- Finalmente, en la cima de la pirámide se encuentran las **necesidades de autorrealización.** Mientras que las necesidades del nivel inferior dependen de las opiniones ajenas, las que encontramos aquí están vinculadas al desarrollo de la personalidad del individuo. Según Maslow, estas necesidades pueden adoptar cualquier forma siempre que sean consecuentes con los deseos individuales de las personas. Dicho de otra forma, como deseo ser (por ejemplo un médico), una necesidad relacionada con la realización de mi ser (como la necesidad de conocer el funcionamiento del cuerpo humano) aparece automáticamente.

En la teoría de Maslow, es necesario satisfacer las necesidades de un nivel para llegar al siguiente. En efecto, ¿nos preocupa la seguridad de nuestros bienes cuando no tenemos nada para comer? ¿Nos preocupamos por el amor al prójimo si nos rodea una banda de ladrones? ¿Buscamos el afecto de los otros si no formamos parte de un grupo social? Finalmente, ¿cómo puede uno autorrealizarse si tiene la autoestima baja? Así pues, se trata de un modelo dinámico y no de una presentación estrictamente jerárquica.

Maslow pone en perspectiva el desarrollo del individuo, partiendo del principio de que este último siempre busca una relativa calidad de vida. En realidad, las necesidades no se manifiestan de la misma manera en todas las personas, y también cambian con el tiempo. Además, pueden aparecer otros tipos de necesidades con más o menos importancia según los seres y las circunstancias, y coexistir con aquellas representadas en la pirámide.

LAS NECESIDADES: DE LA ECONOMÍA AL MARKETING

En relación con las numerosas necesidades vinculadas a las relaciones humanas y al hombre, las necesidades de disponibilidad de medios parecen muy limitadas. Sin embargo, el razonamiento económico se interesa más por la utilidad —es decir, por la función de una unidad suplementaria de un bien para el consumidor— que por la necesidad, sin jerarquizar los bienes entre ellos.

El análisis de la necesidad resulta especialmente interesante para el marketing y la gestión. Las necesidades se estudian sobre todo a nivel de la empresa y de su posicionamiento en el mercado. Aunque es cierto que los psicólogos están de acuerdo al decir que las necesidades existenciales o fundamentales son relativamente limitadas, siempre hay una necesidad —ya se perciba como una falta o como un deseo— en el origen de la compra del consumidor.

Los marketers son conscientes de ello y no dudan en hacer referencia a la famosa pirámide de Maslow. Situar un bien o un servicio en esta pirámide conduce a contemplar y desarrollar estrategias de lanzamiento a veces muy diferentes las unas de las otras. Así, no comercializamos un alimento básico como un producto de alta tecnología. También cabe la posibilidad de que un mismo producto o servicio pueda satisfacer necesidades de diferentes niveles; entonces, convendrá adaptar el mensaje en función de los clientes a los que se quiera llegar.

LÍMITES DEL MODELO Y EXTENSIONES

LÍMITES Y CRÍTICAS DEL MODELO

Como todas las tesis que se han vuelto un clásico en las ciencias sociales, la pirámide de las necesidades es objeto de una lectura crítica. Se destacan varias debilidades del modelo, a veces en direcciones contradictorias:

- **la falta de matiz en la jerarquización de las necesidades**, puesto que algunas funciones naturales son más imperiosas que otras. Aunque podemos abstenernos de comer durante varios días, no podemos aguantar más de pocos minutos sin respirar;
- **la jerarquización discutible**, que no tiene en cuenta el hecho de que el hombre es un ser social. ¿La necesidad de alimentarse prima realmente sobre el hecho de mantener relaciones humanas o de culturizarse? Sin alimento, un individuo no puede sobrevivir. Pero sin suficientes interacciones con el prójimo, su alma se apaga, se vuelve loco o, incluso, se ve abocado al suicidio;
- **el etnocentrismo del modelo**, puesto que todos los estudios se han hecho en poblaciones occidentales, lo que implica un planteamiento concebido únicamente a partir de civilizaciones cristianas y, en general, acomodadas.

Exceptuando este último comentario, las críticas relacionadas con la insuficiencia o el exceso de jerarquización se dirigen especialmente a los usos desarrollados a partir de la teoría de Maslow, más que a la tesis propiamente dicha. La forma piramidal no aparece en la obra del psicólogo, y esconde el movimiento dinámico que contemplaba entre las diferentes necesidades.

El uso marginal en los servicios públicos

La pirámide de Maslow habla por sí misma, pero sigue teniendo un uso bastante limitado en economía. Es efectivamente imposible obtener de ella un análisis cualquiera para la definición de los precios en función del nivel de necesidad. La demanda se debe más a la utilidad marginal de un bien (como lo demostraron los economistas Léon Walras (1834-1910), William Stanley Jevons (1835-1882) y Carl Menger (1840-1921) en el siglo XIX), es decir, a la satisfacción que aporta una unidad adicional, que a su nivel en la pirámide de Maslow.

Cabe recordar que la pirámide de Maslow no es una clasificación del conjunto de las necesidades y de los deseos de los agentes económicos, sino un modelo en cinco etapas de la realización humana. Esta pirámide, examinada de esta forma, puede ser un soporte para las intervenciones de los actores públicos en la economía: regular la producción alimentaria y proteger la calidad del aire (necesidades fisiológicas), hacer respetar el orden y la ley (necesidad de seguridad), asegurar la socialización de los niños en especial (necesidad de estima y de afiliación) mediante el colegio, está justificado desde este momento. Sin duda, es más difícil contemplar una respuesta para los dos niveles que ocupan la cumbre de la pirámide. La radiotelevisión pública, la enseñanza superior y las inversiones en cultura pueden sin embargo entenderse como respuestas colectivas a la necesidad de autorrealización de uno mismo y del ser humano.

EXTENSIONES Y MODELOS CONEXOS

Tabla de Virginia Henderson

Se han planteado otros modelos, como la tabla de Virginia Henderson (enfermera americana, 1897-1996), que identifica 14 necesidades presentadas en una tabla muy utilizada en el mundo médico. Sin embargo, las aportaciones de este nuevo planteamiento no son evidentes. Todas las categorías identificadas entran en las cinco grandes familias de Maslow. Asimismo, aunque los límites del modelo de este último son perceptibles de inmediato, es difícil legitimar esta nueva clasificación.

Modelo ERG

En 1969, el psicólogo americano Clayton Alderfer (1940-2015) presenta el modelo ERG, que en realidad es una versión concentrada de la pirámide de Maslow. De los cinco niveles, solamente quedan tres: las necesidades de existencia (alimentarse, vestirse, vivir con seguridad, etc.), las necesidades de relación y las necesidades de crecimiento (creatividad, sentido de la vida, autoestima, etc.). Se llama ERG a este modelo en referencia a las tres familias identificadas: *existence* (existencia), *relatedness* (el hecho de estar vinculado con otros individuos), *growth* (desarrollo). Alderfer no se contenta con volver a desglosar las categorías de Maslow. Para él, el individuo tiene que satisfacer estas necesidades simultáneamente, y no una después de otra subiendo los niveles de la pirámide. Las necesidades de crecimiento no satisfechas incidirán en el comportamiento con el prójimo, y también, sin duda, en el sueño o la alimentación. Para el psicólogo, la dinámica de las necesidades es más global que para Maslow. Su modelo se ha mantenido especialmente en los ámbitos de la gestión y de la psicología del trabajo.

APLICACIÓN DEL CONCEPTO

Como hemos visto, la pirámide de Maslow encuentra su aplicación más concreta en materia económica en el ámbito del marketing. No es sorprendente, entonces, que el marketing utilice más modelos provenientes de la psicología, ya que esta disciplina se basa en la comprensión y la anticipación de los comportamientos del consumidor.

LOS PRODUCTOS Y LAS NECESIDADES

Más que quedarse con la categorización de cada producto o servicio en un nivel de la pirámide, es preferible buscar responder a un máximo de casillas con cada operación.

Un producto, una necesidad

La aplicación más elemental consiste en identificar el nivel de la pirámide en el que se sitúa el producto o el servicio comercializado: la alimentación y la higiene básica entran en la primera casilla, y los productos culturales en la última. Esta clasificación parece muy básica, pero conserva la evidencia del sentido común. La organización de las secciones de un supermercado es testigo de ello, con sus universos propios para cada gran familia.

Los productos más básicos forman parte a menudo de este procedimiento: en particular, los alimentos básicos. El paquete de pasta o el saco de patatas al mejor precio solamente ocupan el primer nivel de la pirámide: su función es la de alimentar. Pero esta estrategia normalmente no se basta a sí misma. Hay que recordar que la pirámide de Maslow es una dinámica, y que un buen lanzamiento de un producto o de un servicio tiene que apostar en un máximo de niveles de necesidades.

El marketing a lo largo de la pirámide

Para elaborar una oferta destinada a los consumidores que tenga éxito, hay que interesarse por el conjunto de grados de la pirámide.

Para comprender esta teoría, hay que definir las necesidades en el contexto contemporáneo: han aparecido nuevas funciones en la sociedad, que no existían o por lo menos no lo hacían a este nivel en la época de Maslow (siglo XX). Por ejemplo, aunque en los años cincuenta ya nos desplazábamos, no íbamos ni tan rápido ni tan lejos como hoy: las familias no estaban tan alejadas, y normalmente se vivía cerca del lugar de trabajo. Exceptuando los grandes viajes de ocio, podemos considerar la necesidad de desplazarse casi como una necesidad fisiológica, que permite ganarse la vida yendo a trabajar o mantener las relaciones afectivas, mediante la visita a la familia y a los amigos.

El coche también representa un buen ejemplo de estrategia que evoluciona en la pirámide. Los modelos más económicos se limitan a las funcionalidades elementales, mientras que los más caros incluyen el prestigio y el bienestar. En todos los casos, este tipo de producto se encuentra en varios niveles de la pirámide: la necesidad fisiológica de desplazarse, la aspiración a la seguridad predominante en vehículos que se consideran poco fiables, la pertenencia a la comunidad de conductores de tal marca o de tal otra, que da una imagen bastante conocida de la opinión, y para los modelos más avanzados, la satisfacción de poseer un bien costoso y lujoso.

Por ello, el marketing intenta establecer una estrategia para satisfacer los niveles superiores de la pirámide con productos que *a priori* parecen responder al primer nivel de necesidades. Igualmente, asegurará la función inversa, aunque sea un poco más delicada. Cuando un producto o un servicio se dirige a la autoestima o al pleno desarrollo de la personalidad, una marca puede dedicarse a destacar los aspectos fisiológicos o de seguridad del acto de compra para incitar a un máximo de consumidores a comprarlo. Así pues, pensemos en la cosmética: sus discursos de marca oscilan entre la belleza resplandeciente (entre el cuarto y quinto nivel de la pirámide) y el cuidado de uno mismo, el cuidado de la piel y del cuerpo, su propio futuro, haciendo referencia principalmente a las necesidades fisiológicas y de seguridad.

El marketing y las necesidades de afiliación

¿Qué decir del tercer nivel de la pirámide? Parece impensable imaginar productos que puedan satisfacer la necesidad de amor. Maslow no solamente incluye en esta categoría los vínculos de amistad o de amor, difíciles de satisfacer por el mercado (aunque el éxito de las páginas web de citas demuestra que existe un lugar para los intermediarios en la materia), sino que también incluye la pertenencia a un grupo social.

Desde hace tiempo, el marketing juega con la fama de un producto para incitar al consumidor a comprarlo. Desde finales del siglo XIX, el sociólogo y economista Thorstein Veblen (1857-1929) había identificado una inclinación en el modelo del *homo œconomicus*.

Si bien es cierto que maximizamos la utilidad de lo que compramos, la imitación e incluso el esnobismo no están ausentes en nuestras decisiones. Este análisis encuentra una extensión en el concepto de distinción elaborado por el sociólogo francés Pierre Bourdieu (1930-2002): nuestras prácticas sociales y, por consiguiente, nuestras compras, responden a menudo a la voluntad de distinguirnos de nuestros semejantes imitando las prácticas de las clases sociales superiores a la nuestra. Con la compra de un producto (un coche, un perfume, etc.) el consumidor también puede saciar esta necesidad de reconocimiento social.

Aunque esta tendencia no es nueva, cobra una fuerza particular en el momento del desarrollo de las identidades múltiples y de los vínculos comunitarios, apoyada o iniciada por las tecnologías de la información y la comunicación, y especialmente por las redes sociales. Algunas marcas juegan de maravilla con el sentimiento de pertenencia vinculado al único hecho de poseer el producto. Pensemos en Apple, que creó una comunidad de usuarios desde los años ochenta: esta comunidad, de la que muchos consumidores se consideran miembros y que inicialmente era un microcosmos de diseñadores gráficos y de profesionales de la imagen, creció de forma exponencial gracias al mercado de masas y a la comercialización de productos estrella (el iPhone, el iPad, etc.). Facebook, Twitter y todas las redes sociales utilizan también esta estrategia y apuestan por el sentimiento de pertenencia que, esta vez, se encuentra en el centro de su modelo económico, con la ventaja de la gratuidad vinculada con la financiación publicitaria.

ESTUDIO DE CASO – LA INDUSTRIA AGROALIMENTARIA

Para terminar, estudiaremos más en detalle un sector económico: la industria agroalimentaria. Este sector ha dispuesto particularmente bien las diferentes estrategias para poder incluir todos los niveles de la pirámide y desarrolla productos cada vez más innovadores.

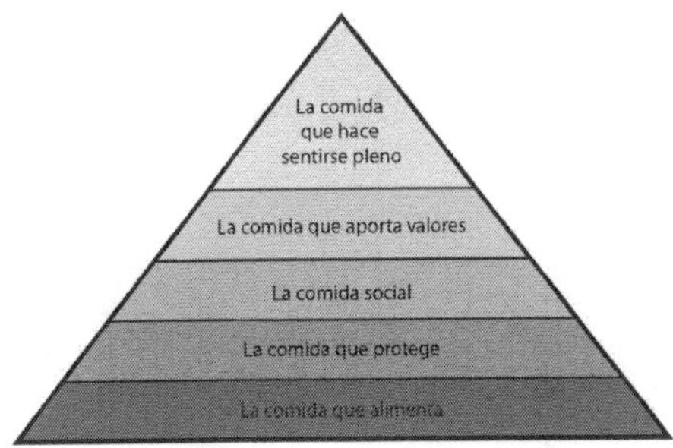

La comida que alimenta

Evidentemente, la industria agroalimentaria responde a una necesidad fisiológica, la de alimentarse. No resulta útil extenderse en este aspecto, si no es para subrayar que la utilidad de un sector industrial quedaría limitada si solamente respondiera a esta necesidad estricta. Para desarrollarse, la cadena de valores ha contemplado muchas otras finalidades además de la satisfacción del hambre.

La comida que protege

La industria agroalimentaria se ha construido en base a un argumento de seguridad. Debido a la normativa que controla la fabricación de los productos, está obligada a ofrecer alimentos con muchas más certificaciones que las antiguas producciones artesanales (no obstante, debemos precisar que este argumento valía en el momento de su desarrollo, pero que actualmente la fabricación de productos artesanales también está sometida a estrictas normas de higiene). En el pasado, las conservas caseras hicieron que algunas familias padecieran botulismo (intoxicación alimentaria con graves consecuencias), un peligro que ya no se encuentra en las conserverías industriales.

A este primer nivel de seguridad se suma hoy un segundo, puesto que los industriales invirtieron en el nicho de los alimentos-medicamentos llamados «alimentos funcionales». La margarina anticolesterol, la leche enriquecida que asegura el crecimiento del niño, los cereales que ayudan a digerir o incluso el agua mineral que refuerza nuestras defensas inmunitarias afloran en nuestros supermercados. Estas declaraciones de propiedades saludables se regulan de una manera cada vez más estricta.

La comida social

La alimentación está profundamente anclada en la cultura (y probablemente en Francia más que en cualquier otro lugar). La comida constituye una especie de convivencia, un momento para compartir. La oferta industrial ha aprovechado esta oportunidad para ofrecer productos que responden a las necesidades de afiliación y de vínculo social. Vamos a mencionar tres ejemplos que se pueden inscribir en esta categoría:

- los platos preparados «a la antigua», que recuperan una cocina pretendidamente tradicional, y adentran al consumidor en la identidad culinaria de su país;

- los productos festivos e innovadores para el aperitivo o el postre, que crean una cierta convivencia;
- las grandes marcas muy segmentadas, en particular alrededor de la infancia, que pasan por diferentes generaciones y funcionan tanto sobre el gusto del alimento como sobre la identidad compartida entre todos los que las consumen, creando una continuidad entre los padres y los niños (Nutella, Haribo, Kinder, Banania, etc.).

El desarrollo de las secciones halal, kósher o asiáticas en los supermercados responde también a esta dimensión identitaria de la alimentación, ayudando a poblaciones inmigrantes a guardar un vínculo con su cultura de origen gracias a sus compras de productos alimentarios.

La comida que aporta valores

De forma indudablemente más reciente, la industria agroalimentaria se ha adueñado de la cuestión de los valores, comprendidos esta vez en un sentido que no es estrictamente económico. Después del auge concomitante de las grandes marcas de distribución y de la industrialización de la alimentación llegó el momento de las preguntas. La preocupación en torno a los transgénicos, la crisis de las vacas locas en los años noventa que sucedió a la de la carne con hormonas, las sucesivas campañas en torno a la obesidad o al exceso de azúcar en nuestros alimentos condujeron a los consumidores a pedir más explicaciones. La toma de consciencia medioambiental y la búsqueda de referencias en un mundo globalizado reforzaron estas expectativas.

Los sellos, denominaciones y otras distinciones que se han

extendido en el sector agroalimentario responden a esta necesidad de afiliación y de valor. Los productos que tienen sellos, como «agricultura ecológica», «comercio justo» pero también «productos de nuestras regiones» y otros circuitos cortos, se multiplican en los estantes. Aportan información sobre la calidad o el origen del producto, apoyándose en un referencial sobre las condiciones de producción. Los campos son muy amplios: la remuneración de los trabajadores locales, la elaboración sin utilizar productos fitosanitarios, el respeto por las tradiciones culinarias antiguas, etc. Cada uno es libre de dirigirse hacia el producto de su elección siempre que el proceso del sello corresponda a sus valores.

La comida que hace sentirse pleno

Finalmente, la alimentación —y, por consiguiente, la industria agroalimentaria— también tiene en cuenta el último nivel de la pirámide: la autorrealización y la realización personal.

Los productos de alta gama, grandes cosechas de vino o de café, bombones refinados o tés de variedades poco comunes, satisfacen a los aficionados a estos productos, más allá de la simple satisfacción de saciar el hambre o la sed. Sin duda, la gastronomía, aunque no sea un arte, constituye un artesanado de excelencia que responde a una necesidad de realización del consumidor. Se encarna en grandes pasteleros o chefs, pero también tiene la posibilidad de expresarse en la industria agroalimentaria.

Ofrecer al consumidor la simple posibilidad de realizar él mismo una parte de la receta también puede satisfacer la necesidad de realización. Por eso la industria propone kits para realizar crepes o pasteles, y también ofrece múltiples preparaciones que facilitan la elaboración de platos «caseros» dejando que el consumidor fabrique una parte, y así que tenga la posibilidad de expresar su creatividad.

EN RESUMEN

- La pirámide de Maslow propone un modelo dividido en cinco niveles para categorizar las necesidades del ser humano.
- Este modelo dinámico se interpreta como las cinco etapas sucesivas necesarias para la autorrealización del ser humano: satisfacción de las necesidades fisiológicas, sentimiento de seguridad, reconocimiento, autoestima, realización.
- Teorizada por el psicólogo americano Abraham Maslow, se ha utilizado relativamente poco en economía, ya que no muestra nada sobre la formación concreta de la demanda, es decir, el paso de la necesidad experimentada a la intención de compra.
- Aunque su simplicidad se ha podido criticar, es sin embargo lo que le confiere fuerza al modelo, muy utilizado en el campo del marketing, ya que posicionar un producto o un servicio sobre la pirámide, si es posible respondiendo a múltiples niveles de necesidad, lleva a desarrollar una estrategia pertinente.

¡Tu opinión nos interesa!
¡Deja un comentario en la página web de tu librería en línea,
y comparte tus favoritos en las redes sociales!

PARA IR MÁS ALLÁ

FUENTES BIBLIOGRÁFICAS

- Colectivo, 2001. *Invitation au management*. París: Presses universitaires de France, colección *Premier cycle*.
- Jacquemin, Alexis, Henry Tulkens y Paul Mercier. 2000. *Fondements d'économie politique*. Bruselas: de Boeck Université, colección *Prémisses, Ouvertures économiques*.
- Lambin, Jean-Jacques y Chantal de Moerloose. 2012. *Marketing stratégique et opérationnel*. París: DUNOD.
- Fenouillet, Fabien. "Modèle hiérarchique des besoins". La motivation, un concept puzzle. Consultado el 5 de mayo de 2014. http://www.lesmotivations.net/spip.php?article40
- Maslow, Abraham. 2003. *Devenir le meilleur de soi-même: besoins fondamentaux, motivations et personnalité*. París: Eyrolles.
- Mias, Lucien. "Maslow, Henderson, soins". *Papidoc*. Consultado el 5 de mayo de 2014. http://papidoc.chic-cm.fr/573MaslowBesoins.html

¡APRENDER NUNCA ANTES FUE TAN RÁPIDO!

www.en50minutos.es

Made in the USA
Monee, IL
07 July 2026